"Könnte auch eine Frau
ihren Säugling vergessen,
dass sie sich nicht erbarmte
über den Sohn ihres Leibes?
Sollten sogar diese vergessen,
ich werde dich nicht vergessen."

Jesaja 49,15

INHALT

Zu Beginn	4
Der Fels im Leben	6
Baby-Halstuch zum Wenden	8
Was tun, wenn man nichts tun kann?	10
Was für ein Geschenk!	12
Bunte Nudel-Muffins	14
Der Wert der Normalität	16
Kinder brauchen Halt – und ich?	18
Pompom-Mobile	20
Keine ruhige Minute – oder doch?	22
Wohin mit meiner Not?	24
Kinderleichte M&M-Cookies	26
Bei Mama bin ich immer sicher	28
Rituale in der Babyzeit	30
Schlechtwetter-Spielidee	32
Unvergleichlich gut	36
Was koche ich heute?	38
Heißluftballon Lampe	40
Dem »Lärm des Lebens« entfliehen	42
Ruhe im Sturm	44
Gesunde Fruchtleder-Röllchen	46
Verstecken zwecklos	48
Hilfe, ich muss mich entscheiden!	50
Ungiftige Knete für Kinder	52
Kennst Du Dein Kind?	54
Werden wie die Kinder	56
Fünf Gründe, mit Kindern zu singen	58
Brauch ich, will ich, muss ich haben	60
Sehnsucht nach mehr	62
Deko-Tier-Gläschen	64
Liebe Mama – Zum Schluss	66
Einstieg ins Bibellesen	70

Zu Beginn

Kennst Du das? Du hast den ganzen Tag das von Bauchschmerzen geplagte Baby herumgetragen, bis die Arme Dir schwer wurden, und bist schließlich mit der trüben Aussicht auf eine unruhige Nacht müde ins Bett gefallen. Oder Du hast zwischen Impftermin, Einkaufen und Kinderturnen ganz vergessen, dass Du ja noch dringend ein Geburtstagsgeschenk besorgen musstest. Oder Du hast  Dich zwischen dem Abfragen von Vokabeln und dem Schmieren der Schulbrote gefragt, wann Du das letzte Mal Zeit zum Innehalten und Nachdenken hattest.

Wir Mütter kümmern uns einen großen Teil des Tages um andere. Da ist die Gefahr groß, dass wir in unserem Bemühen, den Alltag am Laufen zu halten, keine Zeit mehr finden, über unser eigenes Leben nachzudenken. Weil das Dringende fast immer vor dem Wichtigen kommt. Vielleicht schaffen wir es noch, zum Sport zu gehen und uns um unsere körperliche Gesundheit zu kümmern. Aber wie sieht es mit unseren inneren Bedürfnissen aus? Haben wir auch Zeit, nach unserer Seele, nach dem »inneren Menschen« zu fragen?

Denn was nützt es, wenn wir zwar mit Hochgeschwindigkeit durchs Leben fahren, doch unser emotionaler Tank gefährlich leer wird? Wenn wir zwar alles für unsere Kinder tun, aber auf ihre ernsten Fragen nach dem Sinn des Lebens keine Antwort haben? Wenn wir zwar äußerlich funktionieren, aber innerlich leer sind?

Vielleicht hast Du schon mal ein 20-Tage-Work-out im Fitnessstudio gemacht oder eine 3-Wochen-Kur. Wie wäre es, sich einmal genauso lang jeden Tag etwas Zeit zu nehmen, um über ein wichtiges Thema nachzudenken? Damit nicht nur der Körper, sondern auch die Seele Nahrung hat?

Die folgenden Texte sind von Müttern in unterschiedlichen Lebensphasen und Situationen geschrieben. Sie alle haben erlebt, dass jemand in ihrem Alltagstrubel mit dabei ist und sich finden lässt, wenn man ihn sucht – nämlich  Gott. Lass Dich einladen, an dieser Suche teilzuhaben. Mach Dir eine schöne Tasse Tee, such Dir ein ruhiges Plätzchen und lass Dich ein auf das erste Thema. Vielleicht hast Du auch eine gute Freundin, mit der Du die Texte besprechen könntest. Gemeinsam ist besser als einsam!

OB ZU ZWEIT ODER ALLEINE – WIR WÜNSCHEN DIR VIEL FREUDE BEIM LESEN UND EINEN ECHTEN GEWINN FÜR DEINEN ALLTAG ALS MUTTER!

Der Fels im Leben

Während meiner ersten Schwangerschaft war ich voller Spannung und großer Erwartungen. Ich las Bücher, besuchte einen Vorbereitungskurs und fieberte erwartungsvoll den Wehen entgegen. Doch der Geburtstermin kam und ging und nichts tat sich. 13 Tage später musste schließlich ein Kaiserschnitt gemacht werden. Doch leider blieb es nicht bei einer verkorksten Geburt; unser Sohn kam mit einer schweren angeborenen Hauterkrankung auf die Welt. Auf seinen kleinen Füßen fehlte die Haut, sie sahen missgebildet und schrecklich aus, sogar Teile der Zehen fehlten. Als mir dieser winzige kranke Junge nach der Entbindung in den Arm gelegt wurde, fühlte ich nichts. Ich war wie in einem Albtraum gefangen, alles kam mir so falsch vor und war mir schlichtweg zu viel: die Schmerzen, das kranke Kind, sein ständiges Schreien. Ich schwankte zwischen Mitleid, Muttergefühlen, Enttäuschung und Überforderung. Nach zwei Tagen musste mein Sohn in eine Kinderklinik verlegt werden. Endlich in den eigenen vier Wänden, entzündete sich auch noch meine Gebärmutter und ich musste ein weiteres Mal in die Klinik. Erst drei Wochen nach der Entbindung waren wir wirklich zu Hause, nur um immer wieder zu Verbandwechseln in die Kinderklinik zu fahren. Ich kam nicht zur Ruhe. Meine Kaiserschnittnarbe entzündete sich schwer, ich war am Ende meiner Kräfte. Kein Wunder, dass nicht einmal das Stillen klappte.

Meine Enttäuschung nach all der unerfüllten Hoffnung war riesig. Wie hatte das alles passieren können? Warum hatte Gott das zugelassen? Plötzlich wurde mir klar, wie zerbrechlich meine Welt war. Jederzeit können Dinge passieren, die mich zutiefst erschüttern und alles aus den Fugen geraten lassen! Wer oder was kann mir dann wirklichen Halt geben? Mit meiner großen Enttäuschung ging ich zu dem einzigen Ort, an dem es diesen Halt gibt – zu Jesus Christus. Ich wusste, dass er versteht, wie es mir geht, weil er selbst schlimmstes Leid erlebt hat. Doch mehr noch: Mit Jesus konnte ich nicht nur meinen Schmerz teilen, er schenkte mir auch Trost und Zuversicht. In der Bibel las ich:

> "DER HERR IST MEIN FELS UND MEINE BURG UND MEIN RETTER; MEIN GOTT, MEIN SCHUTZ, ZU IHM WERDE ICH ZUFLUCHT NEHMEN, MEIN SCHILD UND DAS HORN MEINES HEILS, MEINE HOHE FESTUNG."
>
> Psalm 18,3

Immer wieder gaben diese Worte mir Halt: Gott würde mich niemals enttäuschen!

Auch wenn ich vieles nicht verstehe, weiß ich doch, dass Gott in allem bei mir war und mich durch diese schweren Tage hindurchgetragen hat. Er ist das einzige Fundament, das in den Stürmen des Lebens wirklich hält.

BESINNE DICH AUF DEINEN HALT, BEVOR DIE STÜRME DES LEBENS KOMMEN.

Tine, Mama von Noah, Levi & Ben

Baby-Halstuch zum Wenden

Das benötigst du:

- DIN-A4-Blatt
- Lineal
- Stift
- zwei verschiedene Stoffe 20 x 45 cm
- Nähgarn
- Druckknopf/Klettband (ca. 1,5 x 4 cm)

So geht's:

1. Mach Dir zuerst ein Schnittmuster. Zeichne dafür ein rechtwinkliges Dreieck mit den Seitenlängen 18 x 22 cm auf ein DIN-A4-Blatt. Die 18 cm lange Seite sollte dabei am Blattrand liegen, weil hier der spätere Stoffbruch ist. Runde dann die spitzen Enden und die untere Ecke nach Belieben etwas ab. Dann kannst Du das Schnittmuster ausschneiden. Die Skizze zeigt, wie es aussehen sollte. (Für Neugeborene kannst Du die Maße auch auf 16 x 19 cm verkleinern.)

2. Lege den Stoff einmal gefaltet vor Dich hin. Lege das Schnittmuster mit der Kante an den Stoffbruch (gefaltete Kante) und fixiere es mit Stecknadeln.

Schneide es mit einer Nahtzugabe von 1 cm aus. Wiederhole den Vorgang für das zweite Stoffstück.

3. Nachdem Du beide Stoffstücke rechts auf rechts aufeinandergelegt hast, kannst Du diese feststecken und einmal rundherum zusammennähen. Lass dabei eine Wendeöffnung von ca. 4-5 cm. Am schönsten ist es, wenn die Wendeöffnung an einer der spitzen Ecken des Tuches liegt (siehe Skizze).

4. Nun kannst Du das Tuch auf rechts wenden. Die Ecken lassen sich gut mit einem Stift von innen nach außen drücken. Schließe nun die Wendeöffnung. Lege dafür den Stoff der Nahtzugabe nach innen (mit Bügeln hält es noch besser) und nähe knappkantig zu. Wenn Du magst, kannst Du auch den gesamten Rand einmal rundherum absteppen und damit die Wendeöffnung schließen.

5. Zum Schluss bringe noch einen Druckknopf zum Verschließen wie im Schnittmuster markiert an. Alternativ kannst Du auch ein Stück Klettband als Verschluss annähen.

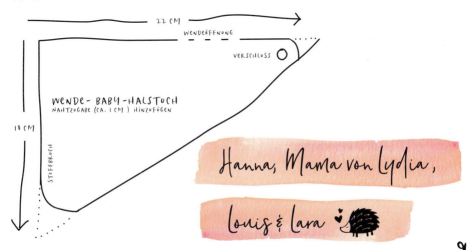

WAS TUN, WENN MAN NICHTS TUN KANN?

»Ihr Kind liegt in Steißlage. Wenn es sich nicht rechtzeitig von alleine dreht, wird das mit einer natürlichen Geburt wahrscheinlich nichts …« Mit diesem einfachen Satz löste mein Gynäkologe eine mittelschwere Krise in mir aus! Ohne böse Vorahnung war ich zum Ultraschall-Termin gekommen – und nun so eine Nachricht! Bislang war doch alles problemlos verlaufen. Und jetzt war meine Hoffnung auf eine natürliche Geburt dahin, vor allem, weil unser erstes Kind auch schon durch einen Kaiserschnitt auf die Welt gekommen war. Schlecht gelaunt machte ich mich daran, nach Hause zu gehen. Mein Tag war erst mal gelaufen. Jedes Mal, wenn ich an die bevorstehende Entbindung dachte, kam statt Freude schlechte Laune und Ärger in mir hoch. Mit meiner kleinen Tochter ging ich in diesen Momenten auch nicht gerade liebevoll um, was mir wiederum Gewissensbisse bereitete. Die Situation war wirklich zum Verzweifeln! Und ich wusste nicht, wie ich meine Lage irgendwie ändern oder beeinflussen könnte. Was tun, wenn man nichts mehr tun kann? Inmitten dieser negativen Stimmung kam mir ein Spruch in den Sinn, den ich einmal in der Bibel gelesen hatte:

> "WAS BEUGST DU DICH NIEDER, MEINE SEELE, UND BIST UNRUHIG IN MIR? HARRE AUF GOTT ..."
>
> Psalm 42,6

Weil mir diese Worte immer wieder durch den Kopf gingen, begann ich nach einiger Zeit, ernsthaft über sie nachzudenken. Mir wurde schließlich klar, dass ich mich mit meiner Situation am besten an Gott wenden sollte. Was hatte ich schon zu verlieren? Etwas anderes blieb mir eigentlich gar nicht mehr übrig. So betete ich niedergeschlagen, aber ernsthaft zu Gott und bat ihn, meine Zukunft und das Thema Entbindung in seine Hand zu nehmen. Direkt danach merkte ich einen deutlichen Unterschied, was meine innerliche Verfassung anging. Statt der Unruhe und des Ärgers bekam ich einen tiefen Frieden. Egal, wie die Situation ausgehen würde: Ich hatte nun die Gewissheit, dass Gott Herr der Lage war und mir helfen würde, die Situation zu meistern.

Ist es nicht seltsam, dass wir oft erst an die Grenzen unserer eigenen Möglichkeiten kommen müssen, um daran zu denken, dass es jemanden gibt, der auf unser Gebet wartet? Wenn wir nichts mehr tun können, ist Gott noch lange nicht am Ende seiner Möglichkeiten!

WARTE NICHT ERST AUF DIE NÄCHSTE AUSWEGLOSE SITUATION, BEVOR DU DICH AN GOTT WENDEST!

Dina, Mama von Lilly, Carla & Simeon

WAS FÜR EIN GESCHENK!

Unser Sohn kam am 24. Dezember auf die Welt und ich weiß nicht, wie oft wir den Satz gehört haben: »Da habt ihr aber ein tolles Weihnachtsgeschenk bekommen!«  Irgendwann war ich dieser Bemerkung fast etwas überdrüssig, bis mir neu bewusst wurde, wie wahr sie doch für mich ist. Kinder (egal an welchem Tag sie kommen) sind ein riesengroßes Geschenk! Das mag etwas abgedroschen klingen und doch ist es wahr.

Kann eine Perlenkette Dein Herz so erwärmen wie der Moment, als Dein Kind das erste Mal seine Ärmchen nach Dir ausstreckte und sie um Deinen Hals legte? Gibt es ein Lied, das so schöne Musik in Deinen Ohren ist wie das freudige Glucksen und Kichern Deines Babys? Kannst Du Dir ein Kompliment vorstellen, das Dich mehr erfreut als ein »Ich hab Dich lieb, Mami!«? Trotz vieler Nächte mit wenig Schlaf, voller Windeln und langer Schreiphasen müssen wir alle zustimmen, dass unsere Kinder ein Geschenk sind. Die Beschenkten sind wir, die Eltern. Wer aber ist die Person, die uns mit diesem wunderbaren Geschenk eine Freude bereiten wollte? Wer hat dieses Geschenk so perfekt erdacht und gemacht? Die Bibel sagt:

"KINDER SIND EINE GABE DES HERRN ..."

Psalm 127,3 ♥

SCHLACHTER 2000

Und an einer anderen Stelle heißt es:

> "JEDE GUTE GABE
> UND JEDES VOLLKOMMENE GESCHENK
> KOMMT VON OBEN HERAB,
> VON DEM VATER DER LICHTER ..."
>
> Jakobus 1,17

Ich mache unheimlich gerne Geschenke und liebe es, mir zu überlegen, worüber sich die jeweilige Person wohl freuen würde. Je mehr Gedanken und Mühe ich mir gemacht habe, desto enttäuschter bin ich, wenn kein richtiges Dankeschön vom Beschenkten zurückkommt. Das mag bei meinen Präsenten manchmal der Fall sein, weil sie doch nicht so der »Knaller« gewesen sind. Bei dem Geschenk, das wir als Eltern von Gott bekommen haben, handelt es sich allerdings um ein perfektes Geschenk. Hast Du Gott schon einmal gesagt, wie dankbar Du ihm für dieses geniale Geschenk bist, das er Dir gemacht hat?!

DANKE DOCH GOTT HEUTE EINMAL BEWUSST FÜR EIN WUNDERBARES GESCHENK VON OBEN – NÄMLICH DEIN KIND.

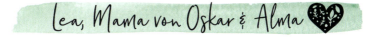

Lea, Mama von Oskar & Alma

Bunte Nudel-Muffins

DAS BENÖTIGST DU:

- 250 g Nudeln (z. B. Makkaroni/Hörnchennudeln)
- 150 g Erbsen (TK)
- 100 g gekochter Schinken
- 3 Frühlingszwiebeln
- 4 Eier
- 200 ml Milch
- 2 EL Butter
- 100 g geriebener Käse
- Öl
- Paniermehl
- Ketchup

SO GEHT'S:

1. Den Backofen auf 150 °C Umluft vorheizen.
2. Den gekochten Schinken in Würfel schneiden und die Frühlingszwiebeln waschen, putzen und in dünne Ringe schneiden.
3. Die Nudeln in Salzwasser kochen und etwa 3-4 Minuten vor Ende der Garzeit die Erbsen dazugeben und mitkochen.
4. Die Eier mit Milch verquirlen und kräftig mit Salz und Pfeffer würzen.
5. Butter in einer Pfanne erhitzen und die Frühlingszwiebeln gemeinsam mit dem Schinken kurz anbraten.
6. Nudeln und Erbsen abgießen, abtropfen lassen und mit den Frühlingszwiebeln und dem Schinken vermengen.
7. Eine Muffinform mit etwas Öl einfetten und mit Paniermehl bestreuen. Dann die Nudelmischung auf die Mulden verteilen und mit der Eier-Milch-Mischung übergießen.
8. Den Käse drüberstreuen und das Ganze bei 150 °C Umluft ca. 30 Minuten backen.
9. Herausnehmen und mit einem Klecks Tomatenketchup servieren.

TIPP

JE NACH GESCHMACK CHAMPIGNONS, MAIS ODER WEITERE GEMÜSESORTEN DAZUGEBEN!

Judith, Mama von Sophia & Lina

DER WERT DER NORMALITÄT

Meinen Alltag als Mutter hatte ich mir in den schönsten Farben ausgemalt. Ich würde die Zeit mit meinem Kind genießen und die neu entstandenen Freiräume nutzen. Ich würde lauter spannende Dinge tun. Voller Ideen und Tatendrang stürzte ich mich in meine neue Aufgabe. Doch nach der anfänglichen Euphorie stellte sich nach einiger Zeit eine Normalität im Alltag mit meinem Baby ein, die mich auf der einen Seite wirklich herausforderte und auf der anderen Seite aber zutiefst langweilte. Ich fühlte mich zwischen scheinbar endlosem Gequengel, zig »Hoppereiterspielen« und dem wiederholten Breifüttern total gefangen – ganz zu schweigen von dem endlosen Wickelmarathon! Und endete ein Tag, kündigte sich schon der nächste an, an dem alles wieder von vorne losging. Gab es jetzt nur noch diesen grauen Alltag?

Wenn ich mir die Natur anschaue, fällt mir auf, dass sie von ganz vielen Wiederholungen lebt: Die Jahreszeiten kommen wieder und wieder. Tiere und Pflanzen brauchen den Wechsel von Kälte und Wärme, Sonne und Regen, Tag und Nacht. Manche Blumen gehen jeden Morgen neu auf und schließen sich in der Abenddämmerung wieder. Doch wer hat viele Vorgänge in der Natur auf Wiederholung angelegt? Wenn wir die Natur beobachten, empfinden wir Menschen diese Verlässlichkeit und Ruhe als positiv.

Ohne diese gleichbleibenden Abläufe wäre unser Leben gar nicht möglich. Und an mancher vermeintlichen Monotonie, wie zum Beispiel dem immer wieder neuen Aufblühen der Blumen, freuen wir uns doch jedes Mal aufs Neue. Der Schöpfer hat Normalität und Monotonie bewusst geschaffen und sie sogar als wertvoll erachtet.

So möchte ich auch lernen, zu Hause durch viele kleine sich wiederholende Abläufe eine wertvolle und schöne Atmosphäre zu schaffen, die mir und meinen Kindern Sicherheit und Ruhe gibt. Wenn ich mich an meine eigene Kindheit zurückerinnere, so waren es weniger die einzelnen, großartigen Momente, die mich prägten, sondern vielmehr die liebevolle Gesamt-Atmosphäre. Deshalb will ich meine alltäglichen Aufgaben nicht als eintönige Last sehen, sondern sie immer wieder neu mit Liebe und Hingabe erfüllen. Ich will für meine Kinder und meine Familie ein von Liebe bestimmtes Zuhause prägen, das Ruhe und Stabilität gibt und von der Summe des Alltäglichen lebt. Dazu gehört für mich auch, im Kleinen treu zu sein, weil erst viele gleiche Perlen aneinandergereiht eine wundervolle Kette ergeben. Ein solches Zuhause wird ein kostbarer Schatz sein, von dem meine Kinder ein Leben lang profitieren.

ERKENNE DEN WERT UND DEN SINN IN VIELEN GLEICHBLEIBENDEN ABLÄUFEN DES HEUTIGEN TAGES.

Hanna, Mama von Lydia, Louis & Lara

KINDER BRAUCHEN HALT – UND ICH?

Ist Dir eigentlich auch schon einmal aufgefallen, wie hoch das Sicherheitsbedürfnis Deines Kindes ist? Man braucht keine hochrangigen Psychologen, um festzustellen, dass sich ein Kind am allerbesten entwickelt, wenn es »festen Boden« unter den Füßen hat. Schon vom ersten Tag an merkt man, dass ein Baby am zufriedensten ist, wenn es bei seiner Mama kuscheln kann – am liebsten rund um die Uhr! So manches Kindergartenkind hat monatelang damit zu kämpfen, wenn seine Bezugserzieherin nicht mehr da ist. Jeder weiß: Kinder brauchen Halt, Konstanten und verlässliche Bezugspersonen, zu denen sie eine enge Beziehung aufbauen können.

Weißt Du, was ich glaube? Wir Erwachsenen unterscheiden uns in diesem Punkt kein bisschen von unseren Kindern. Denn das tiefe Bedürfnis nach einem festen Fundament liegt in jedem Menschen. Wir suchen unseren Halt im Beruf, in materiellen Dingen oder bei nahestehenden Menschen. Doch wie verlässlich ist das alles? Wenn man ehrlich zu sich selbst ist, stellt man fest, dass nichts von alledem auf Dauer Bestand hat. Der beste Job kann von heute auf morgen weg sein. Und selbst der Partner fürs Leben wird einen früher oder später enttäuschen.

Auch unsere Kinder werden irgendwann das Elternhaus verlassen und sich ihr eigenes Leben aufbauen. Auch sie können also unser Bedürfnis nach Nähe und Halt nicht letztendlich stillen. Und wie viele Probleme gibt es, wenn Eltern das von ihren Kindern auf Dauer erwarten und sie selbst dann nicht loslassen können, wenn diese langsam flügge werden!

Doch das Allerbeste ist zum Greifen nahe: der Gott der Bibel! Er ist in alle Ewigkeit derselbe und verändert sich nicht. Er möchte in unserem Leben der feste Halt, der sichere Grund, die verlässliche Konstante sein. In der Bibel verspricht er:

> "DENN DIE BERGE MÖGEN WEICHEN UND DIE HÜGEL WANKEN,
> ABER MEINE GÜTE WIRD NICHT VON DIR WEICHEN
> UND MEIN FRIEDENSBUND NICHT WANKEN,
> SPRICHT DER HERR, DEIN ERBARMER."

Jesaja 54,10

Selbst wenn also alles in meinem Leben, von dem ich mir Halt versprochen habe, wackelig wird und fällt, so bleiben Gottes Gnade und sein Friede bestehen. Ob es sich nicht lohnt, diesen zuverlässigen Gott persönlich kennenzulernen?

Sei für dein Kind ein verlässliches Gegenüber!

♥ Ricarda, Mama von Celia, Layleen, Phileas & Timéo

Pompom-Mobile

DAS BENÖTIGST DU:

- Wolle in drei bis vier verschiedenen Farben
- Gabel
- Schere
- zwei kleine Stöcke (20 cm lang) oder einen Ring

SO GEHT'S:

1. Zuerst machst Du aus der Wolle 12-16 kleine Pompoms. Auf dem ersten Bild siehst Du, dass es mithilfe einer Gabel wirklich ganz einfach geht. Wickle für jeden Pompom die Wolle circa 20-mal um die Gabel, damit er auch nachher schön fluffig aussieht.

Wenn du einen Pompom fertig hast, kannst Du ihn mit der Schere etwas »zurechtfrisieren«. Für größere Pompoms musst Du einfach eine Gabel mit mehr Zinken nehmen. Achte darauf, dass Du in etwa gleich viele Pompoms von jeder Farbe herstellst.

2. Überlege Dir, in welcher Reihenfolge Du später die Pompoms im Mobile anordnen möchtest.

3. Jetzt nimmst Du Dir ein Wollknäuel und schneidest davon vier gleich lange (ca. 30 cm) Stücke Wolle ab.

4. Die bereits sortierten Pompoms knotest Du jetzt der Reihe nach in gleichmäßigen Abständen daran fest.

5. Wenn Du Dich für die Variante mit den zwei Stöcken entschieden hast, legst Du sie als Kreuz übereinander und verbindest sie an ihrem Schnittpunkt ganz fest mit der Wolle. Nun brauchst Du nur noch eine Pompom-Kette an jeder Seite des Kreuzes festzubinden und fertig ist Dein Mobile. Hast Du hingegen einen Holz- oder Drahtring besorgt, wäre es schöner, wenn Du ihn vorher auch noch mit Wolle umwickelst – das macht einfach mehr her.

> ÜBER DEM WICKELTISCH ODER DEM BABY-
> BETTCHEN IST DAS EIN WUNDERSCHÖNER
> HINGUCKER UND WIRD GARANTIERT NICHT NUR
> VON DEINEM KIND BESTAUNT!

Lea, Mama von Oskar & Alma

Keine ruhige Minute – oder doch?

Wann sind die Kinder endlich im Bett – damit ich wenigstens *ein* Mal meine Ruhe haben kann! Welche Mutter hat sich das nicht schon mehr als einmal gedacht? Ein Leben als Mutter kann sehr herausfordernd und ermüdend sein, besonders, wenn die Kinder die meiste Zeit des Tages zu Hause sind. Die Kleinen haben so viele Bedürfnisse und wollen ständig in unserer Nähe sein. Wenn ich mich ausschließlich nach den Wünschen meiner Kinder richten würde, würden sie mich den ganzen Tag beschäftigen und auf Trab halten. Doch wer kann das auf Dauer aushalten? Ich sicher nicht! Manchmal brauche ich einfach mal ein paar Minuten Ruhe. Aber ist das mit kleinen Kindern überhaupt möglich?

Ich bin sehr froh über einen Ratschlag, den mir meine eigene Mama – eine Mutter von vier Kindern und Erzieherin – gab, als meine Tochter Lilly noch ganz klein war. Sie meinte, es sei total wichtig, dass Lilly lernt, gewisse Zeiten alleine (!) zu spielen. Ich solle dabei am besten nicht in Sichtweite sein. Mit 5-10 Minuten könne man anfangen und die Zeit dann je nach Alter steigern. Ich habe mir diesen Ratschlag zu Herzen genommen und mit Lilly nach dem Frühstück eine sogenannte »Zimmerzeit« eingeführt. Sie saß dann in ihrem Ställchen oder Bett und durfte sich mit ihren Lieblingsspielzeugen beschäftigen.

Jetzt ist sie drei Jahre alt und spielt nach dem Frühstück problemlos 45-60 Minuten alleine in ihrem Zimmer. Das ist echt super und sehr entspannend für mich! Und ich weiß, dass auch Lilly von dieser Zeit des ruhigen Spielens ohne Ablenkung profitiert. Unsere »Zimmerzeit« hat also Vorteile für uns beide – und danach freuen wir uns umso mehr, den weiteren Tag gemeinsam zu gestalten.

Diese kostbaren Minuten am Morgen, die ich ohne Trubel alleine verbringen kann, sind meine Grundlage für einen gelungenen Tag geworden. Denn in dieser Zeit nehme ich mir bewusst vor, in der Bibel zu lesen. Ich möchte darin Gott begegnen und ihn besser kennenlernen. Diese Begegnung mit Gott ist mir so wichtig geworden, dass ich sie nicht mehr missen möchte. Sie gibt mir Kraft und hilft mir in allem Alltagsstress, gelassener zu sein. Und ich entdecke immer wieder, wie viel die Bibel mir als Mutter, (Ehe-)Frau, Freundin, Schwester usw. zu sagen hat. Sie ist kein trockenes Buch für alte Leute, sondern total relevant und interessant!

Vielleicht möchtest Du diesen Tipp auch einmal ausprobieren? Lass Dich nicht entmutigen, wenn es nicht von Anfang an perfekt klappt. Denn wenn Du durchhältst, lohnt es sich für beide Seiten!

VERSUCHE, ZEITEN DER RUHE IN DEINEN ALLTAG ZU INTEGRIEREN!

Dina, Mama von Lilly, Carla & Simeon

WOHIN MIT MEINER NOT?

An die aufregenden letzten Wochen vor der Geburt des ersten Kindes kann sich vermutlich jede Mutter noch erinnern. Gespannt fiebert man dem großen Moment entgegen, richtet liebevoll das Kinderzimmer ein und malt sich aus, wie die erste Zeit mit Baby wohl sein wird. So ging es auch mir. Doch die schillernde Seifenblase, in der ich mir ausgemalt hatte, wie unsere erste Zeit zu

dritt im trauten Heim aussehen sollte, wurde etwa zwei Wochen vor der Geburt unserer ersten Tochter jäh zum Platzen gebracht. Ein feuchter Fleck in unserer Wohnung entpuppte sich als handfester Wasserschaden – das Wohnen in unseren vier Wänden würde mehrere Monate lang nicht möglich sein, so der Fachmann. Da stand ich nun, hochschwanger und den Tränen nahe – und wusste nicht, wie diese Situation gelöst werden sollte. Wo sollten wir nach der Geburt nur hin? Und was würde aus all dem Babyzubehör werden? Wir konnten doch nicht mit Bettchen, Windeln, Milchpumpe und Co. ins Hotel ziehen …

In unserer Not taten mein Mann und ich das Einzige, was wir noch tun konnten: Wir vertrauten unsere Sorgen Gott an. In der Bibel lädt er uns dazu sein, Kummer und Nöte an ihn abzugeben.

Dort heißt es:

> "SEID UM NICHTS BESORGT, SONDERN IN ALLEM LASST DURCH GEBET UND FLEHEN MIT DANKSAGUNG EURE ANLIEGEN VOR GOTT KUNDWERDEN ..."
> *Philipper 4,6*

Weiter verspricht Gott, dass er selbst für uns besorgt ist (1. Petrus 5,7) und sich unserer Probleme annehmen wird. Dass dies kein leeres Versprechen ist, sondern auch heute noch gilt, erlebten mein Mann und ich bald darauf. Wir wurden von einer inneren Ruhe erfüllt und wussten, dass unser Vater im Himmel unsere Not kennt und uns helfen wird. Und genauso kam es schließlich: Ein befreundetes Paar zog für uns aus seiner eigenen Wohnung aus und ermöglichte uns so einen ruhigen Start als Familie – beinahe wie in den eigenen vier Wänden. Mitglieder einer christlichen Gemeinde sorgten sogar dafür, dass wir zwei Wochen lang mit warmen Mahlzeiten versorgt wurden – besser als in jedem Hotel!

Heute erinnere ich mich gerne an diese Zeit zurück. Denn sie hat mir eindrücklich gezeigt, dass Gott keine leeren Versprechungen macht. Wer eine Beziehung zu ihm hat und ihm seine Sorgen bringt, der darf fest darauf vertrauen, dass Gott sich seiner annimmt.

WER AUS SEINEN SORGEN EIN GEBET MACHEN KANN, MUSS NIEMALS ALLEIN DURCH DIE KRISE GEHEN.

Judith, Mama von Sophia & Lina

Kinderleichte M&M-Cookies

Das benötigst du:

- 125 g Butter
- 100 g Zucker
- 75 g braunen Zucker
- 1 TL Bourbon-Vanille-Aroma
- 1 Ei
- 200 g Mehl
- 1 TL Backpulver
- 1 großen Beutel M&M's Crispy oder Peanut

So geht's:

1. Schlage die Butter zusammen mit dem weißen und braunen Zucker auf, bis eine cremige Masse entstanden ist.

2. Füge das Vanille-Aroma und das Ei hinzu und vermenge alles gut.

3. Zuletzt fügst Du Mehl und Backpulver hinzu.

4. Aus dem Teig formst Du nun kleine Kugeln (etwa so groß wie ein Tischtennisball) und drückst sie auf einem Backblech leicht platt. Platziere die Kugeln nicht zu dicht nebeneinander, da sie sonst ineinanderlaufen.

5. Dann drückst Du die M&M's dicht nebeneinander in den Teig. Die Cookies gehen noch stark auf, deshalb sollten nicht mehr als ca. sieben M&M's auf einem Teigbällchen Platz finden.

6. Zum Schluss werden die Cookies bei 175 °C Umluft für 10-12 Minuten gebacken. Direkt nach dem Backen sollte die Mitte der Kekse noch weich sein.

7. Lass die Kekse auf dem Blech gut auskühlen, dann werden sie fester und können unfallfrei in eine Dose gepackt werden.

Judith, Mama von Sophia & Lina

Bei Mama bin ich immer sicher

Schon wieder war der Windelvorrat aufgebraucht und ich packte meine Tochter ein, um in den nächsten Drogeriemarkt zu gehen. Trotz einer Sturmwarnung zog ich voller Optimismus los – in der Hoffnung, den Einkauf noch vor dem Sturm erledigt zu haben. Doch weit gefehlt: Plötzlich zogen schwarze Wolken auf und es fing an zu regnen. Erst schwächer und dann immer heftiger. Ich  geriet mitten in ein Unwetter und musste schnell umkehren. Am Ende kam ich patschnass und frustriert zu Hause an. Meine kleine Tochter konnte ich wenigstens mit einem Regenverdeck vor dem kalten Nass schützen: Sie schlief geborgen im Kinderwagen und ahnte nichts von dem Sturm um sie herum.

Als ich wieder heil in unserer warmen Wohnung war, musste ich daran denken, dass jeder Mensch in seinem Leben manchmal in Stürme gerät und dann auf Hilfe angewiesen ist. Gerade Kinder sind im Gegensatz zu uns Erwachsenen in vielen Situationen hilflos und brauchen jemanden, der sie beschützt und umsorgt.

Ich erinnere mich noch genau daran, wie stolz ich war, als mein Vater mich zur Schule begleitete, um mich vor einem Jungen zu beschützen, der es darauf angelegt hatte, mich zu belästigen.

Nach diesem Erlebnis wusste ich noch mehr als vorher, dass ich auf meinen Vater zählen konnte. Er würde alles ihm Mögliche tun, um mich vor Ungerechtigkeiten und Gefahren zu beschützen! Bestimmt ist es auch Dein Anliegen, inmitten der vielen Herausforderungen des Lebens für Dein Kind da zu sein. Da sind wir Eltern manchmal wie ein Regenschirm für unsere Kinder – ein Rückzugsort und ein Schutz inmitten von Regen und Sturm. Doch wer kümmert sich um uns, wenn es mal wieder stürmt und kriselt?

Glücklicherweise gibt es auch für uns Mütter jemanden, der für uns da ist und uns in den Stürmen des Lebens Schutz anbietet. Die Bibel spricht in Psalm 91 von dem »Schirm« (oder »Schutz«) des Höchsten, unter dem jeder Mensch Zuflucht finden kann. Wer sich in stürmischen Zeiten an den »Höchsten«, das heißt an Gott selbst wendet, ihn kennenlernt und ihm Vertrauen entgegenbringt, der wird Geborgenheit, Sicherheit und Schutz finden. Schlag doch mal selbst die Bibel auf und suche den Psalm 91 – seine kraftvollen Worte werden Dich erstaunen! In einem Kinderlied heißt es dazu passend:

"DOCH DEN ALLERSCHÖNSTEN SCHIRM, DEN ES NUR GIBT, DEN HAT UNSER VATER IN DEM HIMMEL, DER UNS LIEBT. UNTER SEINEM SCHIRM SIND WIR WOHLBEWACHT, ER IST ÜBER UNS BEI TAG UND NACHT."

IN DEN STÜRMEN DES LEBENS SUCHE ZUFLUCHT BEI GOTT!

Dina, Mama von Lilly, Carla & Simeon

Rituale in der Babyzeit

Man fragt sich vielleicht: »Welchen Nutzen haben Rituale in der Babyzeit?« Ich habe die Erfahrung gemacht, dass sie eine große Hilfe für mein Kind sind. Meine Hebamme riet mir einige Tage nach der Entbindung, meinem kleinen Sohn jeden Morgen ungefähr zur gleichen Uhrzeit das Gesicht zu waschen. »Das ist das Signal für ihn, dass jetzt der Tag beginnt«, sagte sie. Sie empfahl mir, ihm mit vielen kleinen Ritualen zu helfen, sich im Tagesrhythmus unserer Familie zurechtzufinden. Interessanterweise bemerkte ich, dass diese gleichbleibenden Abläufe nicht nur meinem Baby, sondern auch mir selbst halfen.

Für uns als Ehepaar ist der Glaube an Gott das Wichtigste in unserem Leben, und so wollten wir auch in diesem Bereich Rituale haben. Als unser Kleiner älter wurde, haben wir immer, wenn wir ihn abends in sein Bettchen brachten, seine Hand gehalten, zusammen mit ihm gebetet und ein Lied gesungen. Jetzt, wo unser Sohn 14 Monate alt ist, verlangt er von selbst danach: Er streckt uns vor dem Einschlafen seine Händchen entgegen, macht ein ganz ernstes Gesicht und wartet auf das Gebet und das Gute-Nacht-Lied. Dieser gleichbleibende Ablauf vermittelt ihm Geborgenheit, Verlässlichkeit und Orientierung. Ob er auch schon anfängt zu verstehen, dass Beten etwas ganz Besonderes und Wichtiges ist?

Wenn ich einige Stunden nach meinen Söhnen ins Bett gehe, muss ich oft noch über manches nachgrübeln. Der Trubel des Alltags und die Gespräche des Tages machen es mir manchmal schwer, abzuschalten und zur Ruhe zu kommen. Ich bin sehr dankbar dafür, dass auch meine Eltern mir schon von klein auf gezeigt haben, dass man seine Sorgen im Gebet bei Gott abgeben kann. Ich weiß, dass ich das nicht nur zu meiner eigenen Beruhigung tue, und dass meine Worte nicht nur bis zur Zimmerdecke gehen. Ich bin überzeugt davon, dass es einen lebendigen Gott gibt, der sich freut, wenn ich mich an ihn wende, und der bereit ist, mir zu helfen. Diese Gewissheit lässt mich ruhig werden.

"IN FRIEDEN WERDE ICH SOWOHL MICH NIEDERLEGEN ALS AUCH SCHLAFEN; DENN DU, HERR, ALLEIN LÄSST MICH IN SICHERHEIT WOHNEN."

Psalm 4,9

Ich wünsche Dir, dass Du das auch erlebst. Wie wäre es, wenn Du Dir heute Abend bewusst Zeit zum Beten nimmst? Nicht nur für ein Gebet mit Deinen Kindern, sondern auch für ein persönliches Gebet als Mutter!

HAST DU AUCH MANCHMAL SCHWIERIGKEITEN, ZUR RUHE ZU KOMMEN?
DANN BRINGE DAS, WAS DICH BEWEGT, DOCH EINFACH IM GEBET VOR GOTT!

Miriam, Mama von Elia, Luis & Elena

Schlechtwetter-SPIELIDEEN

ZEHN DINGE, DIE DU MIT DEINEN KINDERN MACHEN KANNST, WENN ES DRAUSSEN REGNET UND DRINNEN DIE ZEIT NICHT RUMGEHT:

1. KNETE SELBER MACHEN

Alle Kinder lieben Knete. Kleinere Kinder formen begeistert Kugeln und Schlangen, mit Größeren kann man schon einen ganzen Zoo kneten. Oder ihr spielt Pizza-Bäcker und jedes Kind macht seine eigene Knet-Pizza. Mit verschiedenen Farben Lebensmittelfarbe könnt ihr die Knete dann schön bunt färben. Nach Gebrauch alles luftdicht verpacken – bis spätestens zum nächsten Regennachmittag. Das Rezept gibt es auf den Seiten 52-53.

2. KUSCHELTIERE IM DUNKELN SUCHEN

Ein einfaches, aber superspannendes Spiel: Verstecke in einem Raum, zum Beispiel dem Wohnzimmer, an verschiedenen Stellen Kuscheltiere, setze sie in einer Ecke auf das Sofa, ins Regal, hinter den Blumentopf … Die Kinder müssen währenddessen draußen warten. Dunkele den Raum anschließend komplett ab. Knipse eine kleine Taschenlampe an und dann geh mit Deinen Kindern auf Kuscheltier-Jagd (kleinere Kinder an der Hand, größere können es alleine). Wer findet die meisten Kuscheltiere?

3. Malen & "Radio Doppeldecker" hören

Kinder lieben Wasserfarben! Also deck den Küchentisch mit Zeitung ab, hole viel Papier, Wasserfarben und los geht's. Wer kann die schönsten Regenbilder malen? Manchmal fällt es Kindern leichter, sich aufs Malen zu konzentrieren, wenn sie dabei etwas hören können. Kennst Du die Geschichten von Radio Doppeldecker? Für Kinder im Alter ab ca. 8 Jahren gibt es die spannenden Geschichten bei www.kinderbuero.info kostenfrei auf CD oder als Download. Ansonsten kannst du den kleinen Malern natürlich auch ihr Lieblingsbilderbuch vorlesen.

4. Plätzchen backen

Plätzchen backen ist nicht nur etwas für die Weihnachtszeit! Dazu stellst Du aus 500 g Mehl, 250 g Zucker, 1 Pck. Vanillezucker, 250 g Butter, 2 Eiern und ½ Pck. Backpulver einen einfachen Ausstechteig her und rollst ihn 1 cm dick aus. Nun geht es ans Ausstechen (es gibt viele lustige Ausstechformen mit nichtweihnachtlichen Motiven). Nach dem Backen können die Plätzchen noch mit bunten Streuseln und Zuckerguss verziert werden. Bis dann die Küche wieder geputzt ist, ist der Regennachmittag bestimmt vorbei!

5. Papp-Haus bauen & bemalen

Hebe den nächsten großen Karton, in dem die neue Stereoanlage oder das Badezimmerschränkchen geliefert werden, für einen Regentag im Keller auf. Wenn es draußen stürmt und kracht, legt ihr drinnen los: Fenster und Türen einschneiden, aus altem Stoff Gardinen ankleben, einen Schornstein basteln … und zum Schluss das Ganze mit Fingerfarben anmalen. Das kleine Haus ins Kinderzimmer stellen, Kissen reinlegen – und die Kinder dürfen es sich gemütlich machen.

6. KINDERZIMMER GRÜNDLICH AUSMISTEN

Hört sich vielleicht langweilig an, muss aber auch mal sein. Und was eignet sich hierfür besser als ein grauer Regennachmittag? Also, los geht's: alle Schubladen leer räumen, Sachen sortieren, entsorgen, zum Verschenken weglegen ... Wetten, dass einige längst verloren geglaubte Schätze wieder zutage treten werden? Die Kinder helfen mit und freuen sich garantiert, wenn nachher wieder alles schön ist. Und dass es nach getaner Arbeit zur Belohnung Eis oder Pizza für alle gibt!

7. HÖHLENLANDSCHAFT BAUEN

So ein Familien-Wohnzimmer muss so manches aushalten können, besonders, wenn es draußen regnet! Holt alle Decken und Kissen, die sich in der Wohnung auftreiben lassen, und dann geht es ans Bauen einer Höhle zwischen Sofasesseln, dem Wohnzimmertisch und umgedrehten Stühlen. Wenn mehrere Kinder da sind, kann sich jeder seine eigene Höhle bauen und diese dann mit den anderen durch Gänge verbinden. Ganz bestimmt werden die Kinder so viel Spaß haben, dass der Regen draußen schnell vergessen ist!

8. REGENSPAZIERGANG MACHEN

Manchmal muss man einfach trotzdem raus, egal, wie schlecht das Wetter auch ist! Zieht Gummistiefel und Matschhosen an und dann geht es an die frische Luft. Und nicht vergessen, ein kleines Plastikboot für die Pfützen mitzunehmen! Wenn alle wieder durchgefroren zu Hause sind, geht's direkt in die heiße Badewanne ...

9. FREUNDE EINLADEN

Spontane Verabredungen sind oft die besten! Sicher sind deine Kinder nicht die Einzigen, denen bei schlechtem Wetter die Decke auf den Kopf fällt. Aber wenn Freunde zusammen sind, dann kommen die Spielideen von ganz alleine. Was spricht also dagegen, beim nächsten Schlechtwetter-Tag spontan Besuch einzuladen? Und während die Kinder das Kinderzimmer erobern, können es sich die Mütter ja mit einer Tasse Kaffee gemütlich machen …

10. REGENGESCHICHTE VON NOAH VORLESEN

»Hört denn der Regen auch sicher wieder auf?«, fragen kleine Kinder manchmal zweifelnd, wenn die Sonne sich gar nicht blicken lassen will. In der Geschichte von Noah verspricht Gott, dass er nie wieder die ganze Erde durch eine Flut vernichten wird. Als Zeichen dafür hat er den Regenbogen in die Wolken gesetzt. Wäre ein Regentag nicht ein guter Anlass, diese bekannte Geschichte einmal seinen Kindern vorzulesen? Du findest sie in 1. Mose 6,5 – 9,17. Vielleicht könnt ihr für die richtige Kulisse das Ehebett in eine Arche umwandeln, in dem dann alle Kinder und Kuscheltiere Zuflucht finden, während draußen der Regen an die Scheiben trommelt.

Elisabeth, Mama von Rahel, Lukas, Laura, Emily & Esther

UNVERGLEICHLICH GUT

Als mein ältester Sohn etwa zwei Jahre alt war, besuchte ich mit ihm eine Krabbelgruppe. Während die Kinder spielten, bastelten oder einfach nur herumkrabbelten, unterhielten sich die Mamas über die Fortschritte ihrer Sprösslinge: »Peter konnte mit fünfeinhalb Monaten schon sitzen!« – »Marie ist erst sieben Monate alt, hat aber schon sieben Zähne.« – »Anna läuft schon seit ihrem ersten Geburtstag, sie ist echt fit!« Ich saß dabei, hörte zu, und unwillkürlich verglich ich meinen kleinen Schatz mit all den anderen Kindern. Wir konnten nicht mithalten, konnten keine der »Spitzenleistungen« übertrumpfen. Mein Sohn war in der Entwicklung zwar nicht hinter den anderen zurück, aber auch kein Überflieger in der einen oder anderen Kategorie. Sicher sitzen konnte er mit acht Monaten, das erste Zähnchen zeigte sich bei ihm mit zehn Monaten, sicher laufen konnte er mit achtzehn Monaten. Und die Farben – nun ja, rot und blau konnte er gerade so erkennen, aber mehr?? Im direkten Vergleich schnitten wir nicht wirklich gut ab.

Aber: Müssen wir uns und unsere Kinder überhaupt vergleichen? Wo steht geschrieben, dass ein Baby oder Kleinkind im Alter von so und so vielen Monaten genau das und das können muss? Sicherlich gibt es grundlegende Entwicklungsschritte, die normal sind, aber eben innerhalb einer gewissen Zeitspanne. Kein Kind gleicht dem anderen.

So unterschiedlich Kinder von ihrem Äußeren her sind, so unterschiedlich sind sie auch in ihren Fähigkeiten und Veranlagungen. Die Bibel sagt dazu, dass Gott, der Schöpfer allen Lebens, jeden genauso gemacht hat, wie er oder sie nun einmal ist. In Jesaja 64,7 heißt es:

> "Und nun, Herr, du bist unser Vater; wir sind der Ton, und du bist unser Bildner, und wir alle sind das Werk deiner Hände."

Jedes Kind ist also ein großes Wunder, auf einzigartige Weise geformt vom »Meister-Töpfer« persönlich. Wir sollten uns deshalb nicht mit anderen vergleichen, sondern staunen über das Wunder jedes Kindes, das Gott erstaunlich und ausgezeichnet geschaffen und uns anvertraut hat. Und wir sollten uns freuen über alles, was unsere Kinder im Rahmen ihrer ganz persönlichen Entwicklung lernen und erreichen.

Der dänische Philosoph Sören Kierkegaard sagte einmal: »Alle Not kommt aus dem Vergleich.« Das ist vielleicht übertrieben, aber zumindest MANCHE Not kommt daher, dass wir Vergleiche anstellen. Sollten solche Gedanken in Dir aufkommen, wehre sie ab. Hab Dein Kind lieb mit allem, was es auszeichnet, und sei Gott von ganzem Herzen dankbar dafür.

Sei dankbar für Dein Kind, so wie es ist! Gott machte es bewusst auf einzigartige Weise.

Dorothee, Mama von Jens, Judith, Simon & Kathi

WAS KOCHE ICH HEUTE?

Tag für Tag stelle ich mir die Frage, die sich jede Mutter wohl schon oft gestellt hat: Was koche ich heute? Und dann: Welche Zutaten brauche ich dafür und wie plane ich die Vorbereitung so in meinen Alltag ein, dass es mit den Kindern irgendwie passt? Ich bin manchmal erstaunt, wie viel Zeit ich täglich damit verbringe, den »Hunger« meiner Familie zu stillen!

Wir alle sind von einer regelmäßigen Nahrungsaufnahme abhängig, denn wenn wir unseren Hunger über mehrere Stunden ignorieren, meldet sich unser Körper. Essen ist einfach überlebensnotwendig für uns Menschen! Auch unsere Kinder werden ungemütlich, wenn ihr Magen leer wird. So kommen wir (leider) nicht drum herum, uns mit diesem Thema zu befassen und irgendwo Essen herzubekommen, es zuzubereiten und zu essen bzw. zu füttern. Mehrmals täglich.

Um unseren Körper am Leben zu erhalten, brauchen wir Nahrung. Aber weil wir Menschen nicht nur einen Körper, sondern auch eine Seele haben, reicht es nicht, wenn wir nur körperlich satt werden. Wir brauchen auch geistliche Nahrung. Jesus sagte einmal:

"NICHT VON BROT ALLEIN SOLL DER MENSCH LEBEN, SONDERN VON JEDEM WORT, DAS DURCH DEN MUND GOTTES AUSGEHT."

Matthäus 4,4

Hast Du schon einmal gemerkt, dass Du eine hungrige Seele hast? Gott selbst möchte sich um Deine Seele kümmern. Seine Worte, die er in der Bibel hat aufschreiben lassen, sind Nahrung für diesen unsichtbaren Teil unseres Wesens.

Wenn ich körperlich richtig Hunger habe, merke ich dies am Magenknurren. Den Hunger meiner Seele bemerke ich oft erst, wenn es mir nicht gut geht, ich einsam bin, rastlos oder einfach unzufrieden. Erst dann komme ich auf die Idee, mir Gedanken um mein Inneres zu machen und mich um meine Seele zu kümmern. Ich spüre dann etwas von dem, was Jesus in dem eben zitierten Vers meinte. Auch wenn ich genug gegessen habe, bin ich nicht vollständig satt, denn meine Seele hat noch keine Nahrung bekommen. In diesen Situationen hilft es mir, meine Beziehung zu Gott zu pflegen und in seinem Wort, der Bibel, zu lesen. Erst durch diese Nahrung wird auch mein Inneres belebt und gestärkt.

Wir Mütter müssen uns dauernd mit Essen beschäftigen. Wäre es nicht eine Idee, bei der Zubereitung der nächsten Mahlzeit daran zu denken, dass auch unsere Seele Nahrung braucht? Die Bibel sagt, dass die Seele ewig lebt. Deshalb sollten wir uns – mehr noch als um unseren Körper – um sie kümmern!

BESORG DIR EINE BIBEL UND LIES DOCH VOR DER NÄCHSTEN MAHLZEIT DEN PSALM 23. DAMIT NICHT NUR DEIN KÖRPER, SONDERN AUCH DEINE SEELE SATT WIRD.

Dina, Mama von Lilly, Carla & Simeon

HEIẞLUFTBALLON-Lampe

DAS BENÖTIGST DU:

- Heißluftballonkorb
  (z. B. einen Blumentopf, Eisbecher o. Ä.)
- Papier für den Korb
- Häkelborte (optional)
- Lampenschirm/Lampion
- 4 Holzspieße
- Papier für die Wimpel
- Schnur/Bäckergarn o. Ä. (1 m und 4 x 20 cm)
- Heißkleber

SO GEHT'S:

1. Fange damit an, Dir den Heißluftballonkorb zu basteln. Dafür kannst Du zum Beispiel einen kleinen Blumentopf oder Eisbecher nehmen und diesen mit Papier ummanteln und je nach Geschmack mit einer Häkelborte verzieren.

2. Verziere den Lampenschirm. Dafür kannst Du aus schönem Papier Fähnchen ausschneiden und diese in regelmäßigen Abständen an die lange Schnur kleben. Dann die Wimpelkette um den Schirm wickeln und mit Heißkleber befestigen.

3. Befestige als Nächstes die vier Holzspieße mit Heißkleber innen am Heißluftballonkorb. Lege dann den Lampenschirm oben drauf bzw. stecke die Spieße von unten vorsichtig hinein (je nach Lampenschirm/Lampion). Befestige die Spieße mit Heißkleber am Lampenschirm. Nimm lieber etwas mehr Kleber, damit es gut hält.

4. Zwischen den Spießen werden jetzt die »Leinen« angebracht. Einfach vier Schnüre nehmen und jeweils zwischen den Spießen an den Lampenschirm kleben, sodass sie wie ein U zwischen den Spießen hängen.

5. An die Decke hängen und fertig ist die Heißluftballon-Lampe!

Dina, Mama von Lilly, Carla & Simeon

Dem "Lärm des Lebens" entfliehen

Zielsicher steuerte ich mit dem Einkaufswagen durch den Supermarkt, als ein Vibrieren in meiner Jackentasche mich darauf hinwies, dass ich gerade eine Nachricht bekommen hatte. Sofort griff ich nach meinem Smartphone und las die WhatsApp-Mitteilung. Von meinem Bruder: »Ich sehe, du bist gerade im REWE, könntest du mir vielleicht Folgendes mitbringen …?« Ich stutzte kurz, doch dann fiel mir ein, dass ich eine neue App installiert hatte, über die man den Standort mit befreundeten App-Nutzern teilt. Mithilfe der App hatte mein Bruder mich geortet und erhoffte sich dadurch nun »einen kleinen Sack Kartoffeln, zwei Tüten Milch und ein Päckchen Salami«.

Was im ersten Moment ganz witzig klingt, ist doch eigentlich zur schockierenden Realität im Leben der meisten Menschen geworden. Denn wen hat die moderne Technologie heutzutage nicht fest im Griff? Ständig vibrieren unsere Smartphones, um uns daran zu erinnern, dass E-Mails und Kurznachrichten beantwortet werden wollen oder jemand uns dringend sprechen muss. Und das ist nicht alles. Während der täglichen Wartezeiten in Bus und Bahn beschallen wir uns mit Musik, im Auto läuft bei den meisten Menschen standardmäßig das Radio und zu Hause dröhnt in vielen Haushalten mehrere Stunden am Tag der Fernseher.

Jetzt denkst Du vielleicht: »Na und? Was soll daran so schlimm sein?« Doch hast Du Dich einmal gefragt, wozu dieser dauerhafte Lärmpegel, mit dem wir uns umgeben, wirklich führt? Was sind die Auswirkungen des Stresses und der Hektik, die unserer permanenten Erreichbarkeit geschuldet sind? Ich befürchte, dass in dem Lärm unseres Lebens so mancher »leise Gedanke« nur allzu leicht übertönt wird. Das »Dauerrauschen« unseres Alltags hält uns davon ab, grundlegend zur Ruhe zu kommen und über die wesentlichen Fragen des Lebens nachzudenken. Oder wann hast Du Dich zuletzt gefragt, was der Sinn Deines Lebens ist? Wie Du wahre Erfüllung finden kannst? Welche Werte Du Deinen Kindern mitgeben möchtest? Und wo die Reise nach dem Tod wirklich hingeht?

> "DURCH UMKEHR UND DURCH RUHE WÜRDET IHR GERETTET WERDEN ..."
> Jesaja 30,15

Gott möchte uns durch diese Worte klarmachen, dass wir zu ihm umkehren müssen, das bedeutet, die Fahrtrichtung unseres Lebens um 180 Grad zu ändern und auf ihn auszurichten. Doch dazu, so sagt es der Bibelvers, ist zuerst einmal Ruhe nötig. Erst wenn wir vor Gott stille werden, können wir Antworten auf die zentralen Fragen des Lebens finden.

WANN BIST DU DAS LETZTE MAL WIRKLICH ZUR RUHE GEKOMMEN? WÄRE JETZT VIELLEICHT EIN GUTER MOMENT DAFÜR?

Judith, Mama von Sophia & Lina

Ruhe im Sturm

»Es war einfach total schön, eine wirklich umwerfende Erfahrung!«, schwärmte meine Freundin begeistert. Sie war gerade von einem Stille-Wochenende wiedergekommen, an dem gestresste Mütter zur Ruhe kommen sollten. Viele Frauen sind heutzutage von Stress geplagt und scheuen weder Mühen noch Kosten, um inneren Frieden zu finden. Doch auch wenn verschiedene Angebote zur kurzfristigen Entspannung beitragen – wie nachhaltig ist diese Erfahrung?

Wenn jemand im Stress war, dann Martha! Sie hatte Jesus und seine 12 Jünger zum Essen eingeladen. Es sollte der perfekte Abend werden und niemandem durfte es an irgendetwas fehlen. Dass sie selbst zwischen dem Begrüßen der Gäste, dem Rühren in den Kochtöpfen und dem letzten Schliff an der Tafel immer unwirscher wurde, merkte sie kaum. Und ihre Schwester Maria setzte sich einfach nur hin, um Jesus zuzuhören, anstatt ihr zu helfen! Irgendwann sagte Jesus zu ihr: »Martha, Martha! Du bist besorgt und beunruhigt um viele Dinge …« Wenn ich diesen Text in der Bibel lese, denke ich, Jesus würde direkt mich ansprechen: »Elisabeth, Elisabeth, Du bist besorgt und beunruhigt um viele Dinge.« Ja, ich möchte gerne ein schönes Haus haben, ja, meine Gäste sollen sich hier wohlfühlen und meinen Kindern soll es auch gut gehen. Besorgt und beunruhigt um viele Dinge – das kenne ich gut! Dann fährt Jesus fort: »… eins aber ist nötig. Denn Maria hat das gute Teil erwählt, das nicht von ihr genommen werden wird.«

Was meint Jesus damit? Vielleicht, dass in allem Trubel meines Alltags, in allem wohlgemeinten Eifer doch eigentlich nur eines wichtig ist: nämlich bei ihm zur Ruhe zu kommen und auf sein Wort zu hören. Dieses »gute Teil« kann einem niemand wegnehmen.

> "UNRUHIG IST UNSER HERZ, BIS ES RUHE FINDET, GOTT, IN DIR."
> *Augustinus*

Was bedeutet diese Geschichte in meinem Leben, wo ich mich doch nicht wie die Menschen vor 2000 Jahren buchstäblich zu Jesu Füßen setzen kann? Für mich heißt es, dass ich jeden Tag eine Zeit mit der Bibel und im Gebet verbringe. Hier erlebe ich, dass Gott zu mir redet, mir inneren Frieden schenkt und manche durcheinandergeratene Prioritäten wieder ordnet. Ich habe erlebt: Bei Jesus gibt es eine innere Ruhe, die auch jenseits der Wellness-Oase und des Stille-Wochenendes trägt. Als fünffache Mutter mit einem ausgefüllten Alltag weiß ich nicht, wo ich ohne diese Ruhe-Zeit zu Jesu Füßen wäre!

NIMM DIR JEDEN TAG EINE ZEIT DER RUHE. WENN DU EINE BIBEL HAST, LIES DIE GESCHICHTE VON MARTHA IN LUKAS 10,38-42 NACH.

Elisabeth, Mama von Rahel, Lukas, Laura, Emily & Esther

Gesunde Fruchtleder-Röllchen

WER BEIM HEIßHUNGER AUF SÜßES GERNE MAL AUF GUMMIBÄRCHEN UND CO. VERZICHTEN MÖCHTE, SOLLTE DIESE GESUNDE ALTERNATIVE AUS FRUCHTPÜREE UNBEDINGT AUSPROBIEREN!

DAS BENÖTIGST DU:

für Mango-Röllchen:
2-3 reife Mangos und etwas Zitronensaft

für Himbeer-Bananen-Röllchen:
300 g Himbeeren, 1 Banane und etwas Orangensaft

für Pfirsich-Röllchen:
3-4 reife Pfirsiche und etwas Limettensaft

für Mandarinen-Erdbeer-Röllchen:
- 300 g Mandarinen aus der Dose (ohne Saft)
- 300 g Erdbeeren
- eine Prise Vanille

für Apfel-Zimt-Röllchen:
- 3-4 Äpfel
- 1/2 TL Zimt

ALLES NACH WUNSCH MIT 1-2 EL HONIG ODER AGAVENDICKSAFT SÜßEN!

SO GEHT'S:

1. Den Backofen auf 80 °C Umluft vorheizen.
2. Das Obst schälen (bei den Pfirsichen ist das nicht nötig), gegebenenfalls entkernen und in Würfel schneiden. (Die Pfirsiche und Äpfel anschließend jeweils in einem Topf etwa 10 Minuten mit einem Schluck Wasser sanft köcheln lassen.)
3. Das Obst im Mixer oder mit dem Pürierstab zusammen mit den restlichen Zutaten sehr fein pürieren.
4. Das Fruchtpüree 0,5-1 cm dick auf ein mit Backpapier ausgelegtes Blech geben und etwa 3 Stunden im Ofen backen. Dabei ab und zu die Ofentür öffnen und die Feuchtigkeit entweichen lassen.
5. Nach 3 Stunden mit dem Finger testen, ob die Oberfläche des Pürees trocken ist. Fühlt sie sich klebrig an, sollte es weitere 30-60 Minuten im Ofen trocknen. Dabei alle halbe Stunde die Konsistenz überprüfen. Es sollte nicht zu trocken werden.
6. Die getrocknete Fruchtmatte anschließend in ca. 3 cm breite Streifen schneiden, vom Backpapier abziehen, aufrollen und luftdicht aufbewahren.

Judith, Mama von Sophia & Lina

VERSTECKEN ZWECKLOS

Ich lege gerade im Wohnzimmer Wäsche zusammen, als ich es aus der Küche verräterisch knistern höre. Sofort ist mir klar, was vor sich geht. »Sophia!«, rufe ich mahnend in Richtung meiner knapp zweijährigen Tochter, die sich dem Geräusch nach zu urteilen heimlich ein Bonbon stibitzen will. Stille. Plötzlich fliegt die Küchentür auf, die Kleine flitzt in Richtung Kinderzimmer und versucht hektisch, die Tür zu ihrem Zimmer zuzudrücken, bevor ich hereinkommen kann. Ich erkläre ihr, dass die Schublade tabu ist. Schuldbewusst nickt sie und nuschelt »Suldigung«. Doch der Kirschgeruch verrät mir, dass sie sich das Bonbon längst in den Mund gesteckt hat ...

Eine ähnliche Situation hat bestimmt jede Mutter schon einmal erlebt. Als Eltern versuchen wir, unseren Kindern beizubringen, dass es nicht richtig ist, Dinge vor uns zu verheimlichen. Doch denkt man einmal genauer darüber nach, geht die Gesellschaft unseren Kindern in diesem Punkt nicht gerade vorbildhaft voran. Sei es der Bekannte, der bei unliebsamen Einladungen einen Zahnarztbesuch als Ausrede vorschiebt, oder die schon fast allgemein üblichen falschen Angaben bei der Steuererklärung. Kleine »Notlügen« sind für viele Menschen an der Tagesordnung. Doch während wir schlechte Taten und Gedanken vor unseren Mitmenschen oft verbergen können, geht das bei Gott nicht.

Die Bibel macht deutlich, dass wir ihm nichts vormachen können.

"HERR, DU HAST MICH ERFORSCHT UND ERKANNT!"
Psalm 139, 1 ♥

"... DU ALLEIN KENNST DAS HERZ DER MENSCHENKINDER ..."
2. Chronik 6, 30

Hast Du Dich schon einmal gefragt, was Gott in Deinem Herzen sieht? Wenn ich mir diese Frage stelle, sollte mir die Schamesröte ins Gesicht steigen! Denn bei Gott gibt es keine »Notlügen«. Weil er gerecht ist, kann Gott niemals »fünfe gerade sein lassen«. Und leider – so muss ich eingestehen – verhalte ich mich nach Gottes Maßstäben sehr häufig falsch. Wie oft rede ich schlecht über meine Mitmenschen, wie oft bin ich egoistisch, lieblos, gereizt …? Eigentlich müsste Gott mein Leben mit »hoffnungslos durchgefallen« bewerten. Ja, eigentlich …

Denn zu meinem Glück ist Gott nicht nur gerecht, sondern auch unendlich gnädig. Weil er jeden Menschen liebt, bietet er uns an, all unsere Fehltritte, unsere schlechten Gedanken und »Notlügen« zu vergeben, wenn wir ihn darum bitten. Weil ich dieses Angebot angenommen habe, muss ich vor Gott nichts mehr verstecken. Ich darf sicher wissen, dass er all das, was täglich in meinem Leben falsch läuft, vergeben hat und ich gerecht vor ihm stehen kann.

ANDEREN MENSCHEN KÖNNEN WIR ETWAS VORMACHEN – GOTT ABER NIE!

Judith, Mama von Sophia & Lina

Hilfe, ich muss mich entscheiden!

Wenn es Dir ähnlich geht wie mir, dann fallen Dir Entscheidungen nicht so leicht. Ich habe in meinem Leben schon häufig feststellen müssen, dass ich ein richtiger »Entscheidungsmuffel« bin! Besonders wenn es um wichtige Dinge geht, muss ich alles lange durchdenken, grüble darüber nach und komme nicht zur Ruhe, bis die Entscheidung getroffen ist.

Auch im Alltag als Mama habe ich täglich unzählige kleine, oft auch sehr spontane Entscheidungen zu treffen: Was koche ich heute? Wie reagiere ich, wenn mein Kind zum wiederholten Male ungehorsam ist? Oder wie begrüße ich meinen Mann, wenn er müde von der Arbeit kommt und ich im völligen Stress gerade versuche, das schreiende Kleinkind zu beruhigen und gleichzeitig das Essen auf dem Herd nicht anbrennen zu lassen? Da liegt es an mir, mich für die richtigen Reaktionen zu entscheiden: meinem Sohn gegenüber geduldig zu bleiben, auch wenn er trotzig ist, und meinem Mann so zu begegnen, wie er es nach einem langen Arbeitstag verdient hat. Fällt mir das leicht? Ganz und gar nicht! Versage ich oft? Ja, ständig!

Deshalb bin ich sehr dankbar dafür, dass ich diesen ständigen »Kampf« um die richtigen Entscheidungen nicht alleine ausfechten muss.

Denn ich darf täglich neu um Gottes Hilfe bitten:

> "DEINE WEGE, HERR, TU MIR KUND,
> DEINE PFADE LEHRE MICH!"
> Psalm 25,4

Gott kann mir in den vielen heiklen Momenten des Alltags helfen, mich für den richtigen Weg zu entscheiden.

Tja, und wie sieht es mit den wirklich großen Entscheidungen im Leben aus? Wie gut ist es da zu wissen, dass Gott auch hier nicht von meiner Seite weicht! Mein Mann und ich haben uns in den letzten Wochen intensiv mit der Frage eines Hauskaufs auseinandergesetzt. Das ist schon eine größere Nummer und als ein »entscheidungsunfreundlicher« Mensch fiel mir diese Entscheidung natürlich wieder einmal sehr schwer. Was ist, wenn wir hier die falsche Entscheidung treffen? Wie beeinflusst sie unser weiteres Leben? Ich bin so dankbar, dass mein Mann und ich am selben Strang ziehen. Denn wir beide haben sowohl gemeinsam als auch einzeln viel dafür gebetet, dass Gott uns hilft, die richtige Entscheidung zu treffen. Der Gott, der mich geschaffen hat, kennt mich besser als irgendwer sonst. Er weiß daher genau, was gut und richtig für mich ist. Deshalb möchte ich mich ihm auch in den großen Dingen des Lebens anvertrauen – in der Gewissheit, dass er mich persönlich und uns als ganze Familie gut führen wird!

IN WELCHE GROßEN UND KLEINEN ENTSCHEIDUNGEN KANNST DU GOTT HEUTE MIT EINBEZIEHEN?

Tine, Mama von Noah, Levi & Ben

Ungiftige Knete für Kinder

Das benötigst du:

- 400 g Mehl
- 200 g Salz
- 2 EL Zitronensäure
- 500 ml kochendes Wasser
- 3 EL Speiseöl
- Lebensmittelfarbe (z. B. Wilton Gelfarben)

So geht's:

1. Mehl und Salz in einer großen Schüssel vermischen.

2. In einer weiteren Schüssel Zitronensäure, Öl und kochendes (!) Wasser miteinander vermischen.

3. Die Flüssigkeiten zu dem Mehl-Salz-Gemisch geben und mit einem Handrührgerät gut mixen.

4. Anschließend alles mit den Händen zu einem geschmeidigen Teig verkneten.

5. Den Teig auf beliebig viele Schüsseln verteilen und je nach Vorliebe verschiedene Lebensmittelfarben gründlich einkneten. Schön kräftig werden die Farben mit Gel-Lebensmittelfarben (z. B. von Wilton), Pulver-Farben eignen sich hingegen nicht.

6. Es kann sofort drauflosgeknetet werden. Viel Spaß dabei!

GUT VERSCHLOSSEN IN EINEM GEFÄß LÄSST SICH DIE KNETE AUCH HÄUFIGER ALS EINMAL VERWENDEN.

Judith, Mama von Sophia & Lina

Kennst Du Dein Kind?

Ich stelle mal folgende These auf: Kein Mensch kennt Dein Kind so gut wie Du! Was ist das Lieblingsgericht Deines Kindes? Wie weint es, wenn es sich wehgetan hat? Und womit kannst Du Dein Kind garantiert zum Lachen bringen? Du kannst diese Fragen bestimmt alle beantworten, denn es ist schließlich Dein Kind. Du weißt am besten, was gut für es ist – nicht Frau Müller von nebenan und nicht der Briefträger. Sicher kennst auch Du gut gemeinte Ratschläge wie: »Das Kleine hat gewiss Hunger. Geben Sie ihm doch was zu essen!« Teilweise fühlt man sich da in seiner Autorität etwas angegriffen. Oder stell Dir mal vor, Dein Kind dürfte alle Entscheidungen selbst treffen. Vielleicht hielte das Kind es für gescheiter, bei Rot über die Ampel zu laufen und jeden Tag eine Tüte Chips anstatt eines Apfels zu essen. Du weißt als Mutter aber, dass das nicht gut wäre. Du kennst Dein Kind und weißt, was es wirklich braucht.

In der Bibel zeigt sich Gott unter anderem als Vater. Er möchte uns eine so enge Beziehung zu ihm schenken, wie ein Kind sie zu seinem Papa hat. Jedoch ist Gott ein Vater, der vollkommen ist – im Gegensatz zu allen irdischen Vätern. Dieser Gott möchte Dein Vater sein, denn er liebt Dich so sehr, wie ein Vater oder eine Mutter ihr Kind nur lieben kann. Daher weiß Gott auch allein, was das Beste für Dich ist – sogar mehr, als Du das selbst weißt! Er möchte Dich trösten, wie Du Dein Kind tröstest, wenn es sich wehgetan hat oder traurig ist.

Er will Dich an der Hand nehmen, so wie Du Dein Kind an der Hand hältst, wenn ihr über die Straße geht. Es gibt einen sehr passenden Vers in der Bibel, in dem es heißt:

> "WENN NUN IHR ... EUREN KINDERN
> GUTE GABEN ZU GEBEN WISST,
> WIE VIEL MEHR WIRD EUER VATER,
> DER IN DEN HIMMELN IST,
> DENEN GUTES GEBEN, DIE IHN BITTEN!"

Matthäus 7,11

Wenn Du Gott die Position eines Vaters in Deinem Leben übergibst, wird er Dich noch besser versorgen, als Du es bei Deinem Kind je tun könntest!

Es gibt noch einen Unterschied zwischen uns menschlichen Eltern und Gott: Wir können nicht immer Auskunft darüber geben, wo sich unser Kind befindet (zumindest, wenn es älter ist), und schon gar nicht können wir wissen, was es denkt. Aber der himmlische Vater weiß dies alles über uns! Eines seiner Kinder hat einmal gesagt:

> "DU KENNST MEIN SITZEN UND MEIN AUFSTEHEN,
> DU VERSTEHST MEINE GEDANKEN VON FERN.
> DU SICHTEST MEIN WANDELN UND MEIN LIEGEN
> UND BIST VERTRAUT MIT ALLEN MEINEN WEGEN.
> DENN DAS WORT IST NOCH NICHT AUF MEINER ZUNGE,
> SIEHE, HERR, DU WEIßT ES GANZ."

Psalm 139,2-4

So gut kennt Gott Dich. Möchtest Du ihn nicht auch besser kennenlernen?

Lea, Mama von Oskar & Alma

WERDEN WIE DIE KINDER

"WAHRLICH, ICH SAGE EUCH, WENN IHR NICHT UMKEHRT UND WERDET WIE DIE KINDER, SO WERDET IHR NICHT IN DAS REICH DER HIMMEL EINGEHEN."

Matthäus 18,3

Was für eine bemerkenswerte Aussage! Was meinte Jesus damit? In welcher Hinsicht sollen wir wie Kinder werden? Beim Nachdenken über diese Frage und der Beobachtung meiner eigenen Kinder sind mir dazu zwei Punkte aufgefallen:

1. Kinder suchen bei Schwierigkeiten instinktiv die Nähe ihrer Eltern und glauben fest daran, dass diese ihnen helfen können.

Wohin läuft ein Kind, wenn es sich wehgetan hat, es von einem wütend bellenden Hund erschreckt wird oder sich bei Gewitter fürchtet? Richtig, zu seinen Eltern. Es macht sich keine komplizierten philosophischen Gedanken (»weil da ein böser Hund ist, kann es keinen liebevollen Vater geben«), nein, es rennt einfach dorthin, wo es sich in Sicherheit weiß. Es traut seinen Eltern zu, mit jeder noch so schwierigen Situation fertigzuwerden.

Wie schwer tun wir Erwachsene uns aber oft damit, uns in den Nöten des Lebens vertrauensvoll an den himmlischen Vater zu wenden! Doch darauf zu vertrauen, dass Gott es gut mit mir meint, und daran zu glauben, dass er die Macht hat, mir zu helfen, ist die Voraussetzung dafür, in sein Reich kommen zu können.

2. **Kindern fällt es nicht schwer, einzugestehen, dass sie Fehler machen und Hilfe von ihren Eltern brauchen.**

Kinder erleben jeden Tag in vielen Situationen ihre eigene Hilflosigkeit. Ohne die Fürsorge ihrer Eltern würden sie gar nicht überleben können! Sie brauchen Hilfe bei den kleinsten Tätigkeiten wie anziehen, essen oder fortbewegen. Bei allen Bemühungen, selbstständig zu werden und Dinge alleine hinzubekommen (»Kann das selber!«), rufen Kinder doch sofort nach ihren Eltern, wenn sie in der Klemme stecken. Hilfe anzunehmen, ist ganz natürlich für sie.

Wie schwer aber tun wir Erwachsene uns damit, einzugestehen, dass unsere eigenen Fähigkeiten nicht ausreichen! Dass wir Hilfe und Rat von jemandem brauchen, der stärker und weiser ist als wir – nämlich von Gott. Umzukehren und wie ein Kind zu werden, bedeutet, seinen Stolz zu überwinden, anzuerkennen, dass man Gott braucht, und ihn um Hilfe zu bitten. Normalerweise zeigen wir Eltern unseren Kindern nicht die kalte Schulter, wenn diese Hilfe suchend zu uns kommen. Und selbst wenn irdische Eltern ihre Kinder enttäuschen: Gottes Vaterarme stehen für jeden offen, der sich demütig und vertrauensvoll an ihn wendet.

WENN DU GOTT UM HILFE & FÜHRUNG FÜR DEIN LEBEN BITTEST, WIRD ER SICH GERNE DEINER ANNEHMEN!

Elisabeth, Mama von Rahel, Lukas, Esther, Laura & Emily

Fünf Gründe, mit Kindern zu singen

1. Kinder lieben es, wenn Mama singt!

Beobachte einfach mal das Gesicht Deines Kindes. Schon bei den ersten Tönen fangen die Augen an zu leuchten!

2. Singen verbreitet gute Laune!

Mit einem fröhlichen »Aufräumlied« wandern die LEGO-Steine nicht nur schneller, sondern meist sogar ganz ohne Murren in die Kisten.

3. Singen kann so manche Situation retten!

als Trostlied, als Ablenkung, als Beruhigung, als Entspannung vor dem Einschlafen usw.

4. Lieder als Lernhilfen

Es gibt unzählige Lieder über Körperteile, Tiere, Emotionen, Situationen aus dem Alltag der Kinder usw.

5. Dein Kind beginnt selber zu singen!

Irgendwann wird Dein Kind Dir nacheifern und selbst anfangen, fröhlich vor sich hin zu singen. Welche Mutter wünscht sich das nicht?

BRAUCH ICH, WILL ICH, MUSS ICH HABEN!

»Oh, ist der Strampler süß!«, »Ich brauche noch dringend eine Wickeltasche!«, »Genau dieser Body fehlte noch!« Als ich schwanger wurde, hätte ich mich im »Nestbautrieb« verlieren können. Ich liebe schöne Dinge und hatte ja auch irgendwie die Legitimation, einiges für den neuen Erdenbürger anzuschaffen. Allerdings wäre ich sicher im Kaufrausch untergegangen, wenn mein Mann und mein Portemonnaie dem nicht irgendwann im Wege gestanden hätten …

Wie schnell ist die Größe 62 zu klein, wie lange ist der Kinderwagen ohne einen Kratzer und wie kurz hält die Schönheit von gemusterten Mulltüchern? Aber dennoch tendiere ich dazu, mich über meine materiellen Besitztümer zu definieren. Geht Dir das auch so? Dabei weiß ich doch, dass mein Wert nicht davon abhängt, welches Markenlogo auf der Jacke meines Kindes prangt!

Das Problem ist, dass unsere Sicht auf uns selbst, das Selbstwertgefühl, häufig davon bestimmt ist, was wir meinen, dass andere über uns denken und reden. Aber weißt Du, welche Meinung die einzig wichtige ist? Die Meinung Gottes! Mein Wert wird nämlich allein dadurch bestimmt, wie Gott mich sieht. Das gilt auch für Dich: Schon dadurch, dass Du von ihm erdacht und erschaffen wurdest, bist Du WERT-voll. Er kennt Dich besser als jeder andere und interessiert sich für Dich, für alle Einzelheiten Deines Lebens.

Die Bibel sagt, dass Gott sogar die Anzahl der Haare auf Deinem Kopf kennt (Lukas 12,7). Und an einer anderen Stelle heißt es:

> "HIERIN IST DIE LIEBE:
> NICHT DASS WIR GOTT GELIEBT HABEN,
> SONDERN DASS ER UNS GELIEBT
> UND SEINEN SOHN GESANDT HAT
> ALS SÜHNUNG FÜR UNSERE SÜNDEN."
>
> ♥ 1. Johannes 4,10

In Gottes Augen hast Du einen so hohen Wert, dass er einen Menschen für Dich gegeben hat. Sein eigener Sohn starb, weil Gott Dich so liebt. Durch den Tod Jesu Christi hat er ein »Preisschild« an Dir angebracht und damit bezeugt, dass ihm Deine Seele mehr wert ist als die ganze Welt.

Es ist gar nichts daran auszusetzen, wenn Du Dir schöne Sachen gönnst. Aber müssen wir uns nicht immer wieder eingestehen, dass die Freude an materiellen Dingen sehr schnell verblasst? Denn nichts anderes als Gott selbst kann den Teil unseres Herzens erfüllen, der für ihn geschaffen wurde.

**IN GOTTES AUGEN BIST DU UNENDLICH WERTVOLL.
WELCHEN WERT HAT GOTT FÜR DICH?**

Lea, Mama von Oskar & Alma

SEHNSUCHT NACH MEHR

Kaum etwas ist den Deutschen so wichtig wie eine erfüllende Liebesbeziehung. Laut einer Statistik gab es im Jahr 2018 in Deutschland rund 52 Millionen Bürger, die eine glückliche Partnerschaft für ganz besonders wichtig halten.[*] Vielleicht gehörst Du sogar zu den Glücklichen, die ihre große Liebe bereits gefunden haben. Doch dann hast Du vielleicht auch schon erlebt, dass der erste Zauber einer Liebesbeziehung genauso schnell verfliegen kann wie die berühmten Schmetterlinge im Bauch. Denn spätestens wenn der Alltag Einzug hält, merken wir, dass unser Partner doch nicht so perfekt ist, wie es anfangs vielleicht schien. Und dass selbst die harmonischste Beziehung eines nicht leisten kann: unsere innerste Sehnsucht nach Zufriedenheit und Erfüllung letztendlich zu stillen.

[*] Befragt wurden Personen ab 14 Jahren.
https://de.statista.com/statistik/daten/studie/264236/umfrage/lebenseinstellung-bedeutung-von-beliebtheit-bei-anderen/

Auf der Suche nach »mehr« wechseln wir vielleicht den Wohnort oder bewerben uns für einen aufregenden Job. Doch was, wenn auch die neue Stelle nicht das erhoffte Glück bringt? Vielleicht sehnen wir uns nach einem (weiteren) Kind, dem lange überfälligen Urlaub am Mittelmeer oder schöner Kleidung. Unsere Wünsche sind unerschöpflich und wir bleiben unzufrieden und ruhelos. Die meisten Menschen spüren eine Leere in sich, die gestillt werden will. Was ist der Grund dafür? Getrieben von unseren Sehnsüchten sind wir auf einer dauerhaften Suche nach Freude, Zufriedenheit und Erfüllung.

Doch wenn wir ehrlich mit uns sind, spüren wir, dass alle Dinge dieser Welt unsere innere Leere nicht komplett füllen können. Wahre Zufriedenheit können wir nur bei demjenigen finden, der unser Herz und unsere Wünsche wie kein anderer kennt – Jesus Christus. Er verspricht in der Bibel:

"... WER IRGEND ABER VON DEM WASSER TRINKT,
DAS ICH IHM GEBEN WERDE,
DEN WIRD NICHT DÜRSTEN IN EWIGKEIT ..."

Johannes 4,14a

Dabei meint Jesus kein echtes Wasser, sondern er spricht von einer Beziehung. Nur Jesus kann unseren Lebensdurst ein für alle Mal stillen. Dass dieses Versprechen im Leben eines Menschen Realität werden kann, zeigt folgender Liedvers:

"MEIN HEIMATLAND UND MEIN ZUHAUS
BIST DU MEIN GOTT, TAGEIN, TAGAUS.
DER ORT, DER JEDE SEHNSUCHT STILLT,
DER ORT, DER JEDE LÜCKE FÜLLT."

Es stimmt wirklich: Unsere Suche nach vollkommener Erfüllung kann bei Jesus zur Ruhe kommen. Wenn wir ihm unser Leben übergeben und eine persönliche Beziehung zu ihm eingehen, dürfen wir sicher sein, dass er all unsere Sehnsüchte ausfüllen und unseren grenzenlosen Durst nach »mehr« ein für alle Mal stillen wird. Denn dann ist Gott selbst unsere Heimat und unser Zuhause.

Wann hast Du schon einmal bemerkt, dass trotz eines erfüllten Wunsches eine innere Leere in Dir zurückgeblieben ist?

Judith, Mama von Sophia & Lina

Deko-Tier-Gläschen

DAS BENÖTIGST DU:

- Sekundenkleber
- ein paar leere Brei- oder Marmeladengläschen
- kleine Plastiktierchen (Schleich oder billigere Alternative)
- beliebige Acrylfarbe(n)
- Pinsel

SO GEHT'S:

1. Die Gläschen solltest Du samt Deckel gut reinigen und abtrocknen.

2. Überlege Dir, welches Tier Du auf welchem Deckel wie positionieren möchtest. Klebe die Tiere mit dem Sekundenkleber gut auf den Deckeln fest.

3. Nun lässt Du die Deckel mit den Tieren kurz trocknen. In dieser Zeit kannst Du schon einmal etwas Zeitung auslegen.

4. Jetzt kommt der schöne Teil, in dem Du die Deckel samt Tieren kunterbunt bemalen kannst. Achte darauf, dass Du auch wirklich alle Stellen der Tiere färbst – das sieht nachher einfach schöner aus.

5. Nach einem erneuten Trocknen kannst du die Gläser beliebig befüllen und mit den schönen Deckeln verschließen.

DIESE BASTELIDEE IST ALLERDINGS WIRKLICH NUR DEKORATION UND KEIN SPIELZEUG FÜR DAS KINDERZIMMER, DA DIE TIERE EINER REIẞPROBE DEINES KINDES VERMUTLICH NICHT STANDHALTEN WÜRDEN.

Lea, Mama von Oskar & Alma

jetzt bist Du schon auf den letzten Seiten dieses kleinen Heftchens angekommen. Vielleicht hast Du alles gelesen, vielleicht aber auch nur hin und wieder einen der Gedankenanstöße überflogen. Vielleicht hängt in Eurem Kinderzimmer auch schon ein selbst gebasteltes Pompom-Mobile oder Du hast Dir vorgenommen, beim nächsten Kindergeburtstag die M&M-Cookies auszuprobieren. Bestimmt ist Dir auch aufgefallen, dass alle Mütter, die in diesem Heft geschrieben haben, Gott ganz konkret in ihrem Alltag erleben. Du wurdest zu Beginn dazu eingeladen, selbst auf die Suche nach diesem Gott zu gehen. Wie aber kann das aussehen?

Erst einmal ist es ganz wichtig zu wissen, dass Gott Dich liebt. Er hat Dich geschaffen und will, dass Du eine persönliche Beziehung zu ihm hast. In der Bibel heißt es:

> "DENN SO HAT GOTT DIE WELT GELIEBT,
> DASS ER SEINEN EINGEBORENEN SOHN GAB,
> DAMIT JEDER, DER AN IHN GLAUBT,
> NICHT VERLORENGEHE, SONDERN EWIGES LEBEN HABE."

Johannes 3,16

Doch leider lehnen die meisten Menschen dieses »Liebes-Angebot« Gottes ab. Wir meinen, unser Leben auch ohne ihn ganz gut meistern zu können, begegnen ihm gleichgültig oder lehnen uns sogar gegen ihn auf. Diese Haltung nennt die Bibel Sünde. Die Bibel sagt, dass alle Menschen gesündigt haben.

> "DENN ES IST KEIN UNTERSCHIED,
> DENN ALLE HABEN GESÜNDIGT
> UND ERREICHEN NICHT DIE HERRLICHKEIT GOTTES ..."
>
> Römer 3,22b-23

Und dabei geht es nicht nur um »große Sünden« wie Morden oder Stehlen. Weil Gott heilig ist, können wir auch schon mit »kleinen Sünden« seinem Maßstab nicht gerecht werden. Passiert es uns nicht täglich, dass wir gegenüber unseren Kindern ungeduldig sind, an ihnen herumnörgeln oder an unseren Partner Erwartungen stellen, die er gar nicht erfüllen kann? Wie oft muss ich mich bei meinen Kindern, meinem Mann oder auch bei anderen Menschen entschuldigen, weil ich mal wieder nicht richtig reagiert oder mich im Ton vergriffen habe! Die Folge: All unsere Sünde und Schuld reißt eine gewaltige Schlucht zwischen dem heiligen Gott und uns – und trennt uns so von ihm.

> "... SONDERN EURE UNGERECHTIGKEITEN
> HABEN EINE SCHEIDUNG GEMACHT
> ZWISCHEN EUCH UND EUREM GOTT ..."
>
> Jesaja 59,2

Wir können natürlich als Menschen immer wieder versuchen, durch eigene Bemühungen diese Schlucht zu überwinden und Gott zu gefallen. Vielleicht versuchen wir, ein gutes Leben zu führen, engagieren uns ehrenamtlich, helfen Bedürftigen oder suchen sogar in der Religiosität nach Lösungen für unser Problem. Doch alle diese Versuche werden uns nicht weiterbringen. Denn die Bibel sagt ganz deutlich, dass es nur eine einzige Möglichkeit gibt, die Trennung zwischen Gott und uns zu beseitigen: und zwar durch Jesus Christus.

Nur durch ihn können wir eine persönliche Beziehung zu Gott bekommen. Wie aber ist das möglich? Vor mehr als 2000 Jahren sandte Gott Jesus Christus, seinen einzigen Sohn, als Mensch auf diese Erde. Doch obwohl er ein Mensch war wie Du und ich, sündigte er nicht. So konnte er sich selbst als ausreichendes Opfer für alle Menschen hingeben – der Schuldlose für die Schuldigen. Als Jesus am Kreuz starb, nahm er stellvertretend all unsere Schuld und Sünde auf sich. Auf diese Weise hat er den Weg zu Gott frei gemacht und die Kluft zwischen Gott und uns Menschen beseitigt. Wir haben also nun die Möglichkeit, Gemeinschaft mit Gott zu haben. Doch dazu ist es notwendig, dass wir vor Gott kapitulieren, unsere Sünde eingestehen und ihm die Führung unseres Lebens anvertrauen. Dann verspricht er, all unsere Sünden für immer zu vergessen und uns als seine Kinder anzunehmen.

> "... So viele ihn (Jesus Christus) aber aufnahmen, denen gab er das Recht, Kinder Gottes zu werden, denen, die an seinen Namen glauben ..."
>
>  Johannes 1,12

Einen himmlischen Vater zu haben, der uns so sehr liebt – ist das nicht das Schönste, was es für einen Menschen geben kann? Wir wünschen uns, dass Du diese Freude auch erlebst!

🌿 Anna, Mama von Dan, Tom, Ben & Amy 🌿

Wir hoffen, dass Du durch die täglichen Impulse neugierig darauf geworden bist, den Gott der Bibel näher kennenzulernen. Wie kann das funktionieren? Nun, am besten ist es, sich nicht auf die Meinungen anderer zu verlassen, sondern sich ein eigenes Bild zu machen. Das kannst Du tun, indem Du Dir eine Bibel besorgst und darin liest.

Um Dir den Einstieg zu erleichtern, haben wir einen bekannten Bibeltext herausgesucht. Es ist die Geschichte einer Frau, die zu einem bestimmten Zeitpunkt ihres Lebens Jesus Christus, dem Sohn Gottes, begegnet und deren Leben sich dadurch total verändert. Wahrscheinlich wird es Dir nicht schwerfallen, Dich in den Problemen, Sorgen und Hoffnungen dieser Frau wiederzufinden. Versuche, die Fragen zur Geschichte zu beantworten, und nimm Dir Zeit, über die angesprochenen Themen nachzudenken. Wir wünschen Dir, dass auch Du das findest, was diese Frau in der Begegnung mit Jesus gefunden hat.

Lukas 8,43-48: Eine verzweifelte Frau bekommt eine Perspektive

Die Frau, um die es in dieser Geschichte geht, litt bereits seit 12 Jahren an einer damals unheilbaren Krankheit: Blutfluss. Sie hatte ihr ganzes Geld für Ärzte und irgendwelche Heiler ausgegeben, die ihr aber nicht helfen konnten.

→ Was glaubst Du: In welcher körperlichen und seelischen Verfassung war die Frau jetzt?

Irgendwann muss sie von Jesus Christus gehört haben, der durch das Land zog, predigte und schon vielen Menschen geholfen hatte.

→ Was meinst Du: Wie groß war die Hoffnung dieser Frau, dass sie bei Jesus endlich die ersehnte Hilfe finden würde?

Sie beschloss, sich in der Menschenmenge Jesus zu nähern, und fasste sein Gewand in der Hoffnung und dem Glauben an, gesund zu werden.

→ Warum tat sie das wohl und sprach Jesus nicht vor allen Leuten mit der Bitte um Heilung an?

> "WIE SÜSS SIND MEINEM GAUMEN DEINE WORTE, MEHR ALS HONIG MEINEM MUND!"

Psalm 119,103

Auch heute sind viele Frauen auf der Suche. Vielleicht suchen sie körperliche Gesundheit und Wohlbefinden. Oft aber auch Sinn, Erfüllung, Vergebung und Frieden. Viele haben schon alles Mögliche ausprobiert, sind aber bislang enttäuscht worden.

➳ Kannst Du Dich in der Suche der Frau aus Lukas 8 irgendwie wiederfinden? Wenn ja, inwiefern?

In dem Moment, in dem die Frau Jesus anfasste, war sie gesund. Ihre Suche war zu Ende. Jesus wusste, was passiert war, aber er ließ die Frau nicht in der Anonymität verschwinden. Er machte ihre Tat öffentlich, indem er fragte, wer von der Menge ihn angerührt hatte.

➳ Warum tat er das?

Die Frau sah, dass sie nicht länger verborgen bleiben konnte, fiel vor Jesus nieder und berichtete von ihrem Erlebnis.

➳ Was sagte Jesus daraufhin zu ihr? Was hat die Frau gerettet?

➳ In welcher Beziehung stand die Frau ab jetzt zu Gott? Wie nennt Jesus sie?

➳ Was kannst Du aus der Geschichte für Dein Leben lernen?

> "GLAUBE AN DEN HERRN JESUS, UND DU WIRST ERRETTET WERDEN, DU UND DEIN HAUS."
>
> Apostelgeschichte 16,31